RAUHNÄCHTE

12 TAGE NUR FÜR DICH

Das Kartenset

Mit 48 Karten

KNESEBECK

Der Zauber
der Rauhnächte erschließt
sich mit unserem Herzen.
Dicht gefolgt von unserem
Verstand.

Ich wünsche dir
ein großartiges Rendezvous
mit dir selbst

Deine Tanja

WISSENSWERTES ÜBER DIE RAUHNÄCHTE

Die Rauhnächte. Unzählige und über Generationen hinweg überlieferte Rituale, Bräuche, Sagen und Erzählungen ranken sich um diese ganz besondere Zeit zwischen den Jahren – dem 25. Dezember und dem 5. Januar. Dem alten Volkswissen zufolge soll in den Rauhnächten die Grenze zwischen der sichtbaren und der unsichtbaren Welt besonders durchlässig sein. Um sich die Gunst und Gnade der Geister zu sichern, sollten in früheren Zeiten ganz bestimmte Regeln befolgt werden, die wir heutzutage sicherlich alle dem Aberglauben zuordnen würden.

Fest steht jedoch, dass diese uralte und fast in Vergessenheit geratene Tradition schon immer eine Zeit der besonderen Ruhe und Stille gewesen ist und genau dadurch wohltuend für uns und unsere Seele war. Die Rauhnächte sind eine Zeit der Reflexion über uns und unser Leben und über das, was uns wichtig ist: eine Art innerliches Aufräumen, um Platz zu schaffen für das, was kommen soll.

Jede Rauhnacht steht unter einem eigenen Thema und ist einem Monat des kommenden Jahres zugeordnet: Die erste Rauhnacht am 25. Dezember symbolisiert zum Beispiel den Januar und ist der Klarheit gewidmet. Du findest alle Themen in den „12 Karten für die Rauhnächte".

DIE SCHÖNSTEN RAUHNACHTSRITUALE

Rituale sind nicht nur während der Rauhnächte von Bedeutung, sondern auch sonst in unserem Leben wichtig. Sie schenken uns Orientierung in einer Welt, die sich gefühlt schneller dreht als jemals zuvor und in der wir kaum noch Raum und Zeit für uns selbst finden.

Neben dem Hauptritual, das über die „12 Karten für die Rauhnächte" abgebildet wird, habe ich in diesem Begleitbuch die schönsten Rauhnachtsrituale für dich ausgewählt:

- das Ritual des Loslassens am 21. Dezember
- das Ritual der 13 Wünsche
- das Ritual des Rauhnachtsjournals

Du kannst dein persönliches Rauhnachtsritual voll und ganz nach deinen eigenen Vorstellungen und Wünschen ergänzen und gestalten.

DAS RITUAL DES LOSLASSENS AM 21. DEZEMBER

Der 21. Dezember ist die Wintersonnenwende. Jahr für Jahr leitet dieser kürzeste Tag mit der längsten Nacht des Jahres die Rauhnächte ein. Der Tag steht symbolisch für Loslassen und Reinigung. An diesem Tag oder gerne auch um den 21. Dezember he-rum kannst du:

- alles auf ein Blatt Papier schreiben, was du nicht mehr mit dir herumtragen willst. Das können Situationen, unschöne Begegnungen, Erinnerungen, aber auch bestimmte Menschen sein. Eben einfach alles, was du gedanklich im alten Jahr lassen möchtest. Verbrenne dieses Blatt später in einer feuerfesten Schale. Wenn du magst, kannst du auch für jeden Punkt einen eigenen Zettel schreiben. Mein Tipp: Gib jedem Zettel – gedanklich oder laut ausgesprochen – einen kleinen Abschiedsgruß mit: „Ich lass dich gehen!"

- einen Streifzug durch dein Zuhause machen. Alte und nicht mehr getragene Kleidung, unnütze Dinge, die eh immer nur im Weg rumliegen und vollstauben: Alles darf, kann und soll an diesem Tag weg.

- eine Wunschliste mit all den Dingen schreiben, die du im kommenden Jahr erleben möchtest. Am besten machst du das mit dem Ritual der 13 Wünsche.

DAS RITUAL DER 13 WÜNSCHE

Zu den jüngeren Traditionen innerhalb der Rauhnächte gehört das Ritual der 13 Wünsche. Schreibe insgesamt dreizehn Wünsche für das kommende Jahr auf kleine Zettel. Verwende für jeden Wunsch einen eigenen. Falte anschließend die Zettel so, dass du den Wunsch nicht mehr lesen kannst.

Während der Rauhnächte ziehst du dann jeden Tag einen Wunsch und verbrennst ihn. Halte ihn – bevor du ihn dem Feuer übergibst – einen Moment lang mit guten und liebevollen Gedanken geschlossen in deiner Hand und schaue nicht nach, was darauf steht. Es heißt, dass der Wunsch der ersten Rauhnacht sich im ersten Monat des neuen Jahres erfüllt, der zweite Wunsch im zweiten Monat und so weiter. Ob dem wirklich so ist, ist freilich ungewiss. Sicher hingegen ist, dass am Abend der zwölften Rauhnacht noch zwei Wünsche übrig sein werden. Übergib einen davon dem Feuer, den letzten Wunsch – den dreizehnten – darfst du entfalten und lesen. Dieser Wunsch ist jener, den du dir im nächsten Jahr selbst erfüllen sollst, für den du verantwortlich bist. Zwei gute Tipps für das Ritual der 13 Wünsche:

Erstens: Verwende gut brennbares Papier. Und zweitens: Übertrage deine Wünsche am besten auch in ein Rauhnachtsjournal. Im nächsten Jahr wirst du überrascht sein, wie viele und welche sich davon erfüllt haben.

Bei der Formulierung von Wünschen gibt es ein paar Dinge zu beachten.

Damit du diese Aspekte während deiner Wunschformulierungen gut im Blick hast, habe ich sie für dich in einer der „Begleitenden Karten durch die Rauhnächte" festgehalten.

DAS RITUAL DES RAUHNACHTSJOURNALS

Eines der kraftvollsten Rituale innerhalb der Rauhnächte ist das Führen eines Rauhnachtsjournals. Aus der Psychologie wissen wir, dass Schreiben glücklich macht und sich Geschriebenes stärker in uns verankert und genau dadurch Positives bewirkt. Schreiben ist heilsam und hilft uns, unser Gedankenkarussell zur Ruhe zu bringen. Es sorgt für innere Klarheit und führt zudem in eine grundlegende Selbstehrlichkeit. Worte auf Papier wandeln sich auf wunderbare Weise und öffnen deinen Blick für das, was es vielleicht zu entscheiden und zu tun gilt. Du wirst sehen: Ein Rauhnachtsjournal wird deinen Erfahrungen und Erlebnissen während der Rauhnächte einen ganz besonderen Rahmen geben. Spannend wird zudem der rückwärtsgerichtete Blick in deine Mitschriften und Notizen sein. Du wirst überrascht sein, wie sich alles in ein „großes Ganzes“ fügt.

✦ Notiere dir am besten gleich morgens, ob du etwas geträumt hast, und wenn ja, was.

✦ Abends kannst du in aller Ruhe aufschreiben, wie es dir tagsüber ergangen ist.

✦ Vielleicht hast du ja auch etwas Besonderes beobachtet? Etwas, was dich nachdenklich gestimmt bzw. deine Aufmerksamkeit erregt hat?

✦ Sind dir bestimmte Menschen begegnet? Hast du mit diesen besondere Gespräche geführt?

✦ Hast du ein Tier wahrgenommen? Vielleicht sogar (d)ein Krafttier?

✦ Und nicht zuletzt: Wie war das Wetter?

Krafttiere zählen übrigen zum eher esoterischen Bereich der Rauhnächte. Sie sollen persönliche Wegbegleiter im spirituellen Sinne sein, die in Tiergestalt erscheinen. Sie beschützen, beraten und stärken uns Menschen. Die Träume in den Rauhnächten sollen dem Aberglauben nach vorhersagen, was dich im kommenden Jahr erwarten wird. Aber auch hier dürfen wir durchaus unseren gesunden Menschenverstand und die Psychologie zurate ziehen: Träumen ist eine psychische Aktivität im Schlaf. Wenn wir Träume genauer betrachten, dann verraten sie jede Menge über uns: über unsere Gefühle und über das, was uns beschäftigt. Und warum Notizen zum Wetter? In früheren Zeiten galten sie als Wetterorakel für das kommende Jahr. Heute sind sie eher eine Art Achtsamkeitstraining für das, was um uns herum geschieht.

Auf einer der „begleitenden Karten während der Rauhnächte" findest du alle wichtigen Aspekte auf einen Blick und kannst dich von ihr beim Reflektieren leiten lassen; und zwar unabhängig davon, ob du ein Journal führst oder nicht.

DIE RICHTIGE ZEIT, DER RICHTIGE ORT UND WAS DU BRAUCHST

Das Ritual der Rauhnächte kannst du an jedem Ort der Welt durchführen. Und selbstverständlich auch zu jeder Zeit. Was Rituale allerdings so besonders macht, ist – neben der Wiederholung der damit verbundenen Handlungen –, dass sie immer an einem bestimmten Ort und auch immer ungefähr zur gleichen Zeit stattfinden. Wenn also irgendwie möglich, so versuche, der Art und Weise, wie du die Rauhnächte durchführen wirst, ein „Zuhause" zu geben. Schaffe für sie einen eigenen Platz, an welchem du zur Ruhe kommen, entspannen und Kraft tanken kannst. Du wirst sehen, dass sich dieser Ort von Rauhnacht zu Rauhnacht zu einem echten Kraftort entwickelt, der dir das ganze Jahr über Energie schenken wird.

Was die Zeit für dein Rauhnachtsritual betrifft: Sowohl über den Zeitpunkt als auch die Dauer entscheidest du ganz allein. Ob zehn Minuten oder eine Stunde oder sogar noch mehr – es dauert so lange, wie du es möchtest.

Für die Durchführung der Rauhnächte benötigst du übrigens nicht viel. Du brauchst nur:

✦ dieses wunderschöne Kartenset, das du auch auf Reisen überallhin mitnehmen kannst.

Außerdem – wenn du magst:

✦ eine Kerze und Zündhölzer für eine schöne Atmosphäre. Auch wenn du jede Kerze verwenden kannst, so gönne dir doch eine spezielle Rauhnachtskerze. Sie ist eine echte Alternative zum traditionellen Räuchern, duftet angenehm leicht und beinhaltet alle wesentlichen Kräuter.

✦ ein Rauhnachtsjournal für deine Notizen sowie einen schönen Stift.

✦ eine kleine feuerfeste Schale zum Verbrennen von Papier, wie zum Beispiel aus dem Ritual der 13 Wünsche.

✦ falls du räuchern willst – entsprechendes Räucherwerk, eine Räucherschale, eine Räucherfeder sowie etwas Sand und Räucherkohle. Informationen dazu findest du z. B. in meinen Rauhnachtsbüchern.

48 KARTEN FÜR EINE INTENSIVE ZEIT

Das Kartenset besteht aus insgesamt 48 Karten, die selbsterklärend sind. Direkt im Anschluss an die Übersicht gehe ich aber nochmals genauer auf sie ein und gebe dir die wesentlichen Hintergrundinformationen. Das eigentliche Rauhnachtsritual könntest du übrigens mit den 12 Hauptkarten für die Rauhnächte durchführen. Vor allem, wenn es mal schnell gehen soll und du nur wenig Zeit hast, schenkt dir das ein gutes Gefühl. Folgende Karten gibt es:

12 Hauptkarten für die Rauhnächte
Für jede Rauhnacht gibt es eine eigene Karte mit dem Thema und dazugehörigen Reflexionsfragen.

6 begleitende Karten durch die Rauhnächte
Drei von ihnen dienen dir als Gedankenstütze. Die drei anderen beinhalten Schlüsselfragen, die du dir – wenn du magst – in jeder Rauhnacht stellen kannst.

12 Assoziations- und Affirmationskarten

Zu jeder Rauhnacht gibt es eine passende Assoziations- und Affirmationskarte. Wenn du Zeit und Lust hast, kannst du eine oder auch beide Übungen durchführen.

6 Karten mit zusätzlichen Tagesritualen

Ein ganz besonderes Schmankerl sind die zusätzlichen kleinen Tagesrituale. Jeden Tag kannst du eine wählen oder verdeckt ziehen.

12 Karten mit Coachingtipps für die Rauhnächte

Zu jedem Rauhnachtsthema gibt es einen kurzen Coachingtipp, was du tun kannst, um dir das Thema weiter zu erschließen bzw. dranzubleiben. Du kannst sie das ganze Jahr über nutzen.

DIE 12 HAUPTKARTEN FÜR DIE RAUHNÄCHTE

Für jede der 12 Rauhnächte gibt es eine Karte mit ihrem Kernthema sowie einem inspirierenden Leitgedanken. Wenn du die Karte umdrehst, so findest du Reflexionsfragen, die du dir zum jeweiligen Thema stellen kannst. Nimm dir in der jeweiligen Rauhnacht die dazugehörige Karte und lasse dich auf ihr Thema und ihre Fragen ein. Die Themen der Rauhnächte:

1. **Die Klarheit** ist die Grundlage für die Gestaltung unseres Lebens – für die Frage danach, wie wir es führen möchten und wie nicht.

2. **Die Stille** ermöglicht uns wahrzunehmen, was wirklich in uns vorgeht. Wenn wir sie bewusst zulassen und ihr Raum geben, zeigt sie uns, ob und was es zu lösen gilt. Und manchmal auch, „wie".

3. **Die Herzöffnung** ermutigt uns, unsere Bedürfnisse und Sehnsüchte auszusprechen. Wer sein Leben mit offenem Herzen führt, kann jede Situation liebevoll meistern.

4. **Selbstvertrauen** schenkt uns den Blick auf das, was bereits in uns ist.

5. Die Selbstliebe erinnert uns daran, auch liebevoll und wertschätzend mit uns selbst umzugehen.

6. Ruhe schenkt uns die Kraft und Energie, die wir für unser Leben brauchen.

7. Das Selbstbekenntnis erlaubt uns, unsere eigenen Bedürfnisse, Wünsche und Sehnsüchte zuzulassen, ihnen Beachtung zu schenken und sie wichtig zu nehmen.

8. Entscheidungen liegen immer vor der Veränderung und geben unserem Leben eine Richtung. Sie richten uns darauf aus, wie wir unser Leben führen möchten, und weisen uns den Weg.

9. Die Geduld hilft uns auszuhalten, was nicht gleich sicht- und spürbar ist. Sie hilft uns, darauf zu vertrauen, dass sich alles in unserem Sinne entwickeln wird.

10. Die Reife richtet unseren Blick auf unsere Stärken und stellt uns die richtige Energie bereit. Sie lässt uns erkennen, dass wir „unterwegs" all das finden oder entwickeln, was wir für unseren Weg brauchen.

11. Die Wandlung schenkt uns die Erfahrung, wie wohltuend es sich anfühlt, sich im Fluss des Lebens stetig weiterzuentwickeln. Sie schickt uns auf eine faszinierende Reise zu uns selbst …

12. Der Aufbruch steht für Abschied und Neubeginn zugleich. Und trotz möglicher Wehmut ist es das Neue, das uns zuversichtlich anlächelt und dazu einlädt, all unsere Erkenntnisse der Rauhnächte umzusetzen.

DIE 6 BEGLEITENDEN KARTEN DURCH DIE RAUHNÄCHTE

Insgesamt gibt es sechs Karten, die dich durch die gesamte Zeit der Rauhnächte begleiten werden. Drei von ihnen dienen zur Orientierung:

- Wie gestalte ich das tägliche Rauhnachtsritual?
- Welche Leitfragen kann ich mir jeden Tag für mein Rauhnachtsjournal stellen?
- Wie wünsche ich richtig?

Auf den drei anderen Karten bekommst du jeweils eine einzige Frage gestellt. Es sind Fragen zu drei großen Motiven unseres Lebens:

1. Die Liebe

Die Liebe ist eines der wichtigsten menschlichen Motive. Verbundenheit, Zuneigung, Fürsorge, Mitgefühl,

Geborgenheit und noch viele weitere Aspekte mehr – für all das steht die Liebe.

2. Das Leben

Das Leben als solches zählt ebenfalls zu den großen Motiven, die uns und unser Handeln bestimmen. Dahinter verbergen sich Antworten auf elementare Fragen, ob wir unser Leben im Großen und Ganzen auf die Art und Weise und nach den Werten führen, wie wir es uns wünschen.

3. Die Leidenschaft

Die Leidenschaft: für die einen ist es der Job, für die anderen das Privatleben. In jedem Fall ist Leidenschaft der Motor für die Dinge, die wir tun. Schenken diese Dinge uns Lebensfreude und Nahrung für Geist und Seele?

DIE 12 ASSOZIATIONS- UND AFFIRMATIONSKARTEN

Affirmationen sind kurze, bejahende Sätze über uns selbst und unser Leben. Ganz bewusst und positiv formuliert, unterstützen sie uns darin, unsere Haltung und Einstellung zu Menschen und Dingen, und vor allem zu uns selbst, zu ändern und diese auch zu festigen. Sie nehmen positiven Einfluss auf die Art und Weise, wie wir denken. Für jede der 12 Rauhnächte gibt es eine Karte mit einer Affirmation zum jeweiligen Kernthema der Rauhnacht. Du kannst übrigens die Affirmationen, die für dich persönlich bedeutsam sind, das ganze Jahr über anwenden.

Wenn du die Karte umdrehst, so findest du passend zur jeweiligen Rauhnacht zugehörige Aspekte, die dich zum freien Assoziieren einladen. Das Nachdenken und laute Aussprechen all deiner spontanen Gedanken, Gefühle, Ideen, aber auch Einfälle unterstützen dich darin, dich für das Thema weiter zu öffnen und Verknüpfungen herzustellen, die nicht immer gleich offensichtlich sind.

DIE 6 KARTEN MIT ZUSÄTZLICHEN TAGESRITUALEN

Wenn du Lust und Zeit hast, dann kannst du während der Rauhnächte weitere kleinere Rituale in den Tagesverlauf einflechten. Wähle aus den sechs Karten entweder ganz bewusst das Ritual aus, nach dem dir der Sinn steht. Oder du ziehst eine „blind“ und vertraust darauf, dass der Zufall genau das für dich bereithält, was dir an diesem Tag vermutlich sehr guttun wird. Eines ist gewiss: Bei jedem der kleinen Tagesrituale wirst du mit all deinen Sinnen Schönes erleben. Du kannst sie außerdem das ganze Jahr über in deinen Alltag integrieren.

DIE 12 KARTEN MIT COACHINGTIPPS FÜR DIE RAUHNÄCHTE UND DAS GANZE JAHR

Häufig werden die Dinge, die uns während der Rauhnächte essenziell wichtig erscheinen und die wir anders machen wollen, oft schon im Januar vom Alltagstsunami weggefegt. Eine Frage, die sich viele stellen, lautet daher: „Wie gelingt es mir, die Energie der Rauhnächte mit ins neue Jahr zu nehmen, zuversichtlich loszugehen und all meine klugen Erkenntnisse umzusetzen bzw. in mein Leben zu integrieren?“

In der Regel ist es so, dass die Kernthemen unterschiedlich stark bei jedem andocken. Je nachdem, welches Thema für einen selbst gerade präsent ist. Die Karten mit den Coachingtipps geben dir gute Hinweise zu den spezifischen Herausforderungen der 12 Rauhnächte.

DEIN GANZ PERSÖNLICHER ABLAUF INNERHALB EINER RAUHNACHT

Wie könntest du nun konkret jeden Rauhnachtstag samt Ritual gestalten? Prinzipiell gilt: Ändere gerne alles so ab, wie es für dich sinnvoll und stimmig ist. Nachfolgend ein Vorschlag:

Morgens

✦ Notiere deine Träume – sofern du dich erinnerst – direkt nach dem Aufwachen.

✦ Schau dir die Hauptkarte der aktuellen Rauhnacht an und stimme dich so auf das Tagesthema ein.

✦ Wenn du magst, dann ziehe eine Karte mit einem zusätzlichen Ritual, das du dann tagsüber einplanen und umsetzen kannst.

Tagsüber

✦ Begehe den Tag mit offenen Augen und Ohren und weitem Herzen und achte auch auf Kleinigkeiten.

✦ Führe das zusätzliche kleine Tagesritual durch (falls du dich für eines entschieden hattest).

Abends

✦ Zünde deine Rauhnachtskerze an.

✦ Ziehe einen der 13 Wünsche und lege ihn ungeöffnet zur Seite.

✦ Schreibe all das, was du tagsüber wahrgenommen hast, in dein Rauhnachtsjournal.

✦ Nimm die Hauptkarte zur aktuellen Rauhnacht, lass das Thema auf dich wirken und beantworte dann die Reflexionsfragen. Wenn du magst, kannst du deine Antworten in dein Journal schreiben.

✦ Wenn du möchtest, kannst du die Schlüsselfragen beantworten und/oder passend zum Rauhnachtsthema eine Affirmations- bzw. Assoziationsübung durchführen. Schau dir gerne auch den Cochingtipp dazu an.

✦ Wenn du fertig bist, dann verbrenne abschließend deinen 13. Wunsch (ungeöffnet) mit der Bitte um Erfüllung.

✦ Das Löschen der Kerze markiert das Ende des Rauhnachtsrituals.

AUFBRUCH UND NEUBEGINN AM DREIKÖNIGSTAG

Aufbruch ist das Kernthema der letzten Rauhnacht, und Aufbruch liegt am Dreikönigstag spürbar in der Luft. Die Zeit der Rauhnächte ist zu Ende. Für einige fühlt sich dieser Übergang etwas unwirklich an. Das liebevolle Aufräumen des Ortes, an welchem du die Rauhnächte hauptsächlich durchgeführt hast, ist eine gute Möglichkeit, Auf Wiedersehen zu sagen. Vielleicht möchtest du noch ein paar abschließende Gedanken zu deinen Erfahrungen in dein Rauhnachtsjournal schreiben? Ein abschließender Rauhnächtespaziergang zum symbolischen Loslassen und Losgehen rundet diesen Tag und die Zeit der Rauhnächte wunderbar ab.

Ob die Erfahrungen und Erlebnisse der Rauhnächte einfach nur ein wunderschönes Erlebnis waren, das dich für deinen Alltag wieder geerdet und gestärkt hat, oder ob du aufgrund deiner Erkenntnisse Dinge in deinem Leben verändern möchtest, das darfst du für dich entscheiden.

Wie einleitend geschrieben: Der Zauber der Rauhnächte erschließt sich mit unseren Herzen. Dicht gefolgt von unserem Verstand, der uns zuruft: „Es tut dir gut! Mach weiter! Bleib dran!"

Gerne erinnere ich dich einmal im Monat
mit einer kurzen Mail daran, deinen Erkenntnissen
aus den Rauhnächten deine Aufmerksamkeit
zu schenken, damit du sie im täglichen Trubel
nicht aus den Augen verlierst und am Ball bleibst.
Scanne dazu den folgenden QR-Code:

Rauhnächte – 12 Tage nur für dich

978-3-95728-715-1

Auch als Hörbuch erhältlich

(978-3-7424-3364-0).

Rauhnächte für Paare – 12 Tage nur für euch

978-3-95728-883-7

Auch als Hörbuch erhältlich

(978-3-7424-3365-7).

Rauhnächte – 12 Tage nur für mich

Das Journal

978-3-95728-925-4

Deutsche Originalausgabe

Ein Unternehmen der Média-Participations
Projektleitung: Anja Sommerfeld, Knesebeck Verlag
Lektorat: Janine Malz, München
Gesamtgestaltung, Layout und Satz: Nicole Pfeiffer, Hamburg
Herstellung: Arnold & Domnick, Leipzig
Druck: Eray Printing LLC
Printed in Turkey
ISBN 978-3-95728-924-7

www.knesebeck-verlag.de

RAUHNACHT

25. Dezember

Innerlich aufräumen.
Platz für Neues schaffen.

Welche Momente
im letzten Jahr
waren besonders schön?

Welche Situationen waren
unangenehm und ungut?
Was kann ich daraus lernen?

Was möchte ich im
kommenden Jahr erleben?

RAUHNACHT

26. Dezember

Der Stille zuhören.
Wahrnehmen, was in einem vorgeht.

Was bedeutet Stille für mich?

Wie gut kann ich
Stille aushalten?

Welche Themen
tauchen in der Stille auf?
Wie gehe ich mit diesen um?

RAUHNACHT

27. Dezember

Sein Herz öffnen.
Entdecken, was alles möglich ist.

Welche Sehnsucht, welches Bedürfnis trage ich in mir?

Was würde ich gerne unternehmen/tun?

Wie würde ich gerne sein?

Was würde ich gerne haben?

RAUHNACHT

28. Dezember

An sich glauben und auf sich vertrauen.

Wie habe ich bisher schwierige Situationen in meinem Leben gemeistert und wie hilft mir das?

Gibt es etwas (Gedanken, Gefühle, Erlebnisse, Menschen), an dem ich festhalte, obwohl es mir nicht (mehr) guttut?

Wie kann es mir gelingen, davon loszulassen, und wie fühlt sich dieses Loslassen an?

5. RAUHNACHT

29. Dezember

Freundschaft mit sich schließen.
Liebevoll mit sich umgehen.

Bin ich mir selbst
ein guter Freund?

Wer in meinem Umfeld
tut mir gut? Was genau
ist es an dieser Person,
das mir guttut?

Welche 10 Dinge
schätze ich an mir?
Kann ich zu mir selbst sagen:
„Ja, das ist wirklich
toll an mir!“?

RAUHNACHT

30. Dezember

Zur Ruhe kommen.
Alles kann. Nichts muss.

Bin ich mit mir und auch anderen im Reinen oder treibt mich noch etwas um?

Falls ja: Was braucht es, damit ich zur Ruhe kommen kann?

Wenn ein Arzt mir tägliche Ruhe verordnen würde: Wie würde ich meinen Ruheort und auch die Ruhezeit gestalten?

RAUHNACHT

31. Dezember

Die eigenen Bedürfnisse kennen.
Auch gut für sich selbst sorgen.

Welchem meiner Wünsche
möchte ich im kommenden
Jahr Beachtung schenken
und ihn umsetzen?

Was werde ich tun, um gut
für mich zu sorgen und mich
rundum körperlich und auch
seelisch gesund zu halten?

Wem würde ich gerne
in diesem Jahr noch danken
und einen liebevollen
Gruß senden?

RAUHNACHT

1. Januar

Unsicherheiten ablegen.
Den eigenen Weg gehen.

Wie sorge ich in diesem Jahr
dafür, dass ich glücklich bin?

Was würde ich tun, wenn
ich keine Angst hätte,
auf niemanden Rücksicht
nehmen müsste und Geld
keine Rolle spielen würde?
Gibt es dann etwas
zu entscheiden?

Wie sieht mein erster Plan
für die Umsetzung meiner
Vorhaben und Wünsche
für dieses Jahr aus?

RAUHNACHT

2. Januar

Sich in Geduld üben. Gelassen sein.

In welchen Situationen
gelingt es mir, geduldig
und gelassen sein?

In welchen gelingt mir
das weniger und was kann
ich in solchen Situationen
zukünftig tun?

Welchen Schwerpunkten in
meinem Leben möchte ich
mehr Aufmerksamkeit
schenken? Wo möchte ich
am Ball bleiben, auch wenn
es mal schwierig wird?

RAUHNACHT

3. Januar

Sich bereit machen.
Die innere Reife spüren.

Was kann ich gut?
Worin liegen meine Stärken?
Welche würden meine
Freunde noch ergänzen?

Wie möchte ich meine
Erkenntnisse aus den
Rauhnächten in meinen
Alltag übertragen, um sie
dort zu leben?

Habe ich einen großen –
übergeordneten –
Wunsch an mein Leben?

RAUHNACHT

4. Januar

**Dem eigenen Fluss folgen.
Sein Leben leben.**

Warum habe ich mich
auf den Weg
der Rauhnächte begeben?
Welche Hoffnungen,
Wünsche und Erwartungen
verknüpfe ich damit?

Wenn ich die Augen schließe
und in einen sehr späten
Altersabschnitt meines
Lebens reise: Was möchte ich
rückblickend sagen können,
was das Schönste gewesen ist,
das ich in meinem Leben
erleben durfte?

RAUHNACHT

5. Januar

Voller Neugier und Vorfreude aufbrechen.
Das Leben genießen.

Wie habe ich mich
gefühlt, bevor die Zeit
der Rauhnächte begann?
Und wie fühle ich mich heute?

Wie würde ich meine
Erfahrungen und Erlebnisse
in den Rauhnächten in einem
Satz zusammenfassen?

Wie starte ich nun in das Jahr?
Was wird mich Tag für Tag
begleiten und stärken?

Gestalte dein Rauhnachtsritual

- Notiere nach dem Aufwachen deine Träume.
- Ziehe oder wähle, wenn du magst, eines der zusätzlichen Tagesrituale.
- Zünde zu Beginn des eigentlichen Rauhnachtsrituals eine Kerze an.
- Rufe dir in Erinnerung, was du tagsüber beobachtet hast, und schreibe es gerne auf.
- Nimm die aktuelle Rauhnachtskarte und beantworte die Fragen zum Kernthema.
- Wenn du magst, dann kannst du zusätzlich die drei Schlüsselfragen beantworten, eine freie Assoziation und/oder eine Affirmation zum Thema des Tages durchführen.
- Ziehe einen Wunsch aus den 13 Wünschen und verbrenne ihn.
- Lösche zum Ende des Rauhnachtsrituals die Kerze.

Leitende Fragen für jede Rauhnacht

- Was hast du heute geträumt?
- Welchen Menschen bist du begegnet?
- Hast du heute etwas Besonderes beobachtet?
- Gab es ein Thema, das dich besonders beschäftigt hat?
- Hast du ein Tier wahrgenommen?
- Wie war das Wetter tagsüber?

Richtig wünschen und loslassen

- Beginne deine Wünsche immer mit den Worten: „Ich wünsche mir …“
- Schreibe sie in ganzen Sätzen und möglichst genau, kurz und prägnant auf.
- Verwende keine Konjunktive wie „sollte“, „müsste“, „hätte“.
- Formuliere deine Wünsche ausschließlich bezogen auf dich und nicht auf einen anderen Menschen.
- Benenne gerne einen Zeitpunkt, bis wann dein Wunsch sich erfüllen soll.
- Lasse gedanklich von dem los, was der Erfüllung deines Wunsches im Weg stehen könnte.

Eine Schlüsselfrage zur Liebe

✦ Will mir das Thema der heutigen Rauhnacht in Bezug auf meine Selbstliebe und Liebe zu anderen etwas sagen und eine Empfehlung dazu aussprechen? ✦

Eine Schlüsselfrage zum Leben

✦ Will mir das Thema der heutigen Rauhnacht in Bezug auf mein Leben als solches etwas erhellen und eine Empfehlung dazu aussprechen? ✦

Eine Schlüsselfrage zur Leidenschaft

✦ Will mir das Thema der heutigen Rauhnacht in Bezug auf meine Leidenschaften im beruflichen und/oder privaten Bereich etwas verdeutlichen und eine Empfehlung dazu aussprechen? ✦

Klarheit

Reinigung

Grundlagen schaffen

Altes abschließen

Loslassen

Familiäre Wurzeln

Ich sorge für Klarheit,
räume innerlich auf und
schaffe Platz für Neues.
Diese neue Klarheit ist
der Beginn von einem
zufriedenen Leben.

Stille

Verbindung mit der inneren Stimme

Innere Führung

Intuition

Stille zulassen

Ich lausche der Stille.
Durch sie nehme ich
meine innere Stimme
deutlich wahr. Sie lenkt
mich sicher durch alle
Höhen und Tiefen
meines Lebens.

Herzöffnung

Sich öffnen
Sein Herz öffnen
Wunder
zulassen

Ich öffne mich.
Und gehe meinen
Lebensweg mit weit
geöffnetem Herzen.
Ich lege meine Ängste
zur Seite und entdecke
die kleinen und
großen Wunder in
meinem Alltag.

Selbstvertrauen

Im Einklang mit sich sein

Sich befreien

Der inneren Weisheit vertrauen

Blockaden auflösen

Ich vertraue auf mich.
Und spüre in mir die
Gewissheit, dass ich allen
Aufgaben begegnen
kann. Alles, was ich
dafür brauche, trage
ich bereits in mir.

Selbstliebe

Freundschaft

Fülle

Sich Gutes tun

Genießen

Ich liebe mich so,
wie ich bin. Denn ich
bin nicht auf der Welt,
damit ich so bin,
wie andere mich
gerne hätten.

Ruhe

Balance

Verzeihen & vergeben

Loslassen

Beziehungen heilen

Ich sorge immer wieder für Ruhe. Aus dieser Ruhe entspringt meine Kraft für die Gestaltung meines zufriedenen Lebens.

Selbstbekenntnis

Selbstfürsorge

Öffnung für das Neue

Herzenswünsche

Die eigenen Gefühle wahrnehmen

Ich sorge gut für mich,
nehme mich selbst
liebevoll in die Arme und
spüre, wie gut ich mich
anfühle. Ich bin richtig so,
wie ich bin.

Entscheidungen

Neubeginn
Verwirklichung
Glück

Ich habe keine Angst
und bin ehrlich zu mir
selbst. In dieser Ehrlichkeit
sehe ich mich mit all
meinen Wünschen und
Sehnsüchten. Sie ist mir
eine kluge Beraterin in
all meinen wichtigen
Entscheidungen.

Geduld

Dankbarkeit

Gold, Licht & Segen

Zuversicht

Mit sich selbst Frieden schließen

Ich bin geduldig und
gelassen. Geduld und
Gelassenheit sind weise
Freunde, wohlgesinnte
Weggefährten und
kluge Berater auf meinem
Weg zu dem, was mir
wichtig und wert ist.

Reife

Erkenntnis

Vitalität

Achtsam sein
für das, was ist

Ich lege mein Streben
nach Perfektion ab.
Ich glaube an mich selbst
und bin bereit für all das
Schöne im Leben.

Wandlung

Loslassen

Sinn

Dankbar sein
für das, was ist

Freude

Ich bin mutig,
voller Kraft und Energie
und folge meinem Fluss.

Aufbruch

Weisheit

Entfaltung

Expansion

Den Sinn erkennen

Ich bin neugierig
und freue mich auf das,
was das Leben für mich
bereithält. Meinen Weg
gehe ich voller Zuversicht.

Happy Moments

Verwöhne dich
heute und
genieße mit
allen Sinnen.

Gedankenwandern

Geh raus in die Natur und lasse deine Gedanken kommen und gehen.

Meditation

Entspanne Körper & Geist und atme ganz bewusst.

Loslassen

Verabschiede dich von einem Gegenstand, einer Erinnerung oder einem Gefühl.

Schönheit des Moments

Halte inne, achte
auf deine Umgebung
und nimm sie mit allen
Sinnen wahr.

Dankbarkeit

Bringe heute
zum Ausdruck,
wofür du
dankbar bist.

Klarheit

Wie kann ich
im Alltag immer wieder
für Klarheit sorgen?

Äußerer Klarheit folgt innere Klarheit, und innerer Klarheit folgt äußere Klarheit.

Räume in Situationen, in denen du das Gefühl hast, den Überblick zu verlieren, dein Zuhause auf und trenne dich von Ballast. Notiere während des Aufräumens alles, was dir durch den Kopf geht, und überlege anschließend:

- Was gehört zusammen?
- Was ist zuerst zu tun?
- Und was hat noch Zeit?
- Was kann ich loslassen?

Stille

Wie gelingt es mir,
besser wahrzunehmen,
was wirklich
in mir vorgeht?

Wenn es draußen leise wird, dann wird es innen oft ganz laut. Unternimm in Situationen, in denen du dir Fragen stellst wie „Was geht da eigentlich gerade in mir vor?“, alleine einen ausgedehnten Spaziergang oder eine Gedankenwanderung. Laufe einfach los. Am Ende werden sich deine Gedanken auf wunderbare Art und Weise sortiert haben.

Herzenswünsche

Wie gelingt es mir,
meine Wünsche und
Bedürfnisse klar zu
benennen und aus-
zudrücken?

- Wie würdest du gerne sein?
- Was würdest du gerne tun?
- Was hättest du gerne?

Wünsche lassen sich in
drei Kategorien einteilen:
SEIN – HABEN – TUN.
Wenn du dich immer wieder
mal schwer damit tust,
deine Wünsche und Bedürfnisse
auszudrücken, dann greife
zurück auf die begleitende
Rauhnachtskarte „Richtig
wünschen und loslassen".
Sie unterstützt dich bei der
Formulierung und schenkt
dir Mut.

Selbstvertrauen

Wie kann ich mein Selbstvertrauen weiterentwickeln und stärken?

Selbstvertrauen weiterzuentwickeln bedeutet, dich von inneren, einschränkenden Überzeugungen à la „Das kann ich nicht" nach und nach zu lösen und die damit verbundenen Ängste abzulegen. Das wird dir gelingen, wenn du immer wieder mal etwas komplett Neues unternimmst. Und falls dir dann doch noch das letzte Quäntchen Mut fehlen sollte, so wirf dein Herz symbolisch vorneweg und hopse hinterher.

Selbstliebe

Wie gelingt es mir,
mich mit all meinen
Ecken und Kanten
gernzuhaben?

Selbstliebe bedeutet, sich zu achten und den eigenen Wert schätzen zu lernen. Das kannst du stetig üben, indem du aufhörst, dich mit anderen zu vergleichen. Mache dir bewusst, dass du nicht auf der Welt bist, um so zu sein, wie andere dich gerne hätten. Schreibe außerdem täglich auf, worauf du stolz bist. Gönne dir zudem regelmäßig „Happy Moments".

Ruhe

Wie sorge ich für Ruhe,
wenn der Alltag mal
wieder damit droht,
mich zu überrennen,
und mir die Kraft raubt?

Nimm dir Zeit, um zu überlegen, wie dir Ruhephasen im vollgepackten Alltag gelingen können. Es gilt: Ohne Zeit – keine Zeit. Wenn du dir im Vorfeld nicht die Zeit nimmst, um für dich zu klären, wie Ruhezeiten gelingen können, wird es beim Wunsch bleiben oder sich nach „gestohlener Zeit" anfühlen. Mache aus deiner ganz persönlichen Ruhepause unbedingt ein festes Ritual. Warum? Rituale hält man in der Regel ein.

Selbstbekenntnis

Wie gelingt es mir,
auf mich zu achten und
gut für mich zu sorgen?

Verinnerliche, dass du nur für andere kraftvoll da sein kannst, wenn es dir selbst gut geht. Eine gesunde Selbstfürsorge ist etwas anderes als Egoismus. Stelle dir daher in regelmäßigen Abständen die Frage:

- Was gibt mir Energie, um gut den Tag, die Woche, den Monat zu gestalten?
- Und wie kann ich dafür sorgen, dass mein Energiespeicher immer genügend gefüllt ist?

Entscheidungen

Wie finde ich heraus,
ob meine Entscheidung
die richtige ist?

Denke bei anstehenden Entscheidungen immer von der „gut gelösten Zukunft“ her. Versetze dich in Gedanken in die Zukunft und versuche zu spüren, was sich verändert hat und wieso es sich gut anfühlt. Welche Entscheidung hat dazu beigetragen? Oder du wendest die sogenannte 10-10-10-Methode an und beantwortest für jede Option folgende Fragen:

- Was glaube ich, welche Auswirkungen die Entscheidung in 10 Tagen hat?
- Welche in 10 Monaten?
- Und welche in 10 Jahren?

Geduld

Wie gelingt es mir,
geduldig zu sein und
am Ball zu bleiben,
auch wenn der Erfolg
nicht direkt sichtbar ist?

Suche dir ein Vorbild in Sachen Geduld und lerne von dieser Person. Wenn du das nächste Mal spürst, dass du innerlich ungeduldig wirst, dann schau dir dein Stressmuster ganz genau an: Wodurch wird es ausgelöst? Und dann denke an dein Vorbild. Wie würde diese Person jetzt reagieren? Was würde sie dir empfehlen?

So lernst du nach und nach, dein Stressmuster zu reflektieren, und erhältst dadurch die Möglichkeit, es zu ändern.

Reife

Wie gelingt es mir,
mich auf meine Stärken
zu besinnen?

Selbstzweifel oder ein Hang zur Perfektion sorgen dafür, dass du in deiner Komfortzone verweilst. Übe regelmäßig das Verlassen deiner Komfortzone und unternimm immer mal wieder was komplett Neues. Verteile auf der Straße Komplimente an wildfremde Menschen oder verreise alleine in ein unbekanntes Land. Aus solchen Taten wächst die Erkenntnis:

Alles, was es braucht, trage ich bereits in mir.

Wandlung

Wie kann ich mein Leben selbstbestimmter gestalten und vermehrt das tun, was mich glücklich und zufrieden macht?

Schließe die Augen und
reise in einen späten Alters-
abschnitt deines Lebens.
Stell dir vor, du bist so um die
90 Jahre alt. Fühle hinein,
wie sich das körperlich anfühlt,
und gib dir dann
ehrliche Antworten auf
folgende zwei Fragen:

1. Was würdest du bereuen,
in deinem Leben nicht
getan zu haben?

2. Was waren die besten Ent-
scheidungen deines Lebens?

Aufbruch

Wie kann ich dafür
sorgen, dass ich meine
Erkenntnisse aus
den Rauhnächten
umsetze und an
ihnen dranbleibe?

Nutze die nächsten drei Tage, um einen Plan für deine Vorhaben zu erstellen. Die Regel lautet: Alles, was du NICHT innerhalb der nächsten 72 Stunden aktiv angehst, wird mit 100%iger Wahrscheinlichkeit ein guter Vorsatz bleiben. Verabrede dich außerdem einmal im Monat zu einem „Rendezvous mit dir selbst“, um Bilanz zu ziehen und deinen Worten und Gedanken Taten folgen zu lassen.